Военный дневник

Olga Grebennik

# Charkow-Tagebuch
## Flucht vor dem Krieg

VERLAGSHAUS JACOBY &#x2302; STUART

# CHARKOW-TAGEBUCH, März 2022

Ich hätte nie gedacht, dass ich mit 35 noch einmal ganz von vorne anfangen müsste, denn ich hatte einen klaren Lebensplan für die nächsten 15 Jahre. Leider sind die Umstände stärker als wir. Jetzt weiß ich das. Bevor Sie jedenfalls in mein Tagebuch schauen, sollten Sie ein bisschen von mir wissen.

Mein Name ist Olga Grebennik. Ich bin Mutter, Ehefrau, Tochter, Künstlerin, Schriftstellerin. Ich bin ein Mensch, dessen Leben zerbrochen wurde. Ich habe zwei Kinder: Fedor (Fedja), neun Jahre alt, und die vierjährige Vera (Verotschka), habe einen Mann (er ist Künstler), eine Mutter, einen Hund und eine Katze.

Unser Leben vor dem Krieg war wie ein kleiner Garten, in dem jede Blume ihren eigenen Ort und ihre eigene Blütezeit hatte. Liebe nährte diesen Garten, und er wuchs und blühte täglich. Den Kindern wurde Kunst beigebracht – Musik, Zeichnen, Tanzen. Wir wechselten uns ab, sie zur Schule zu bringen. Ich habe Kinderbücher gezeichnet. In meinen Werken waren schon immer viele Farben und viel Freude. Ich habe sogar Märchen erdacht, die erfolgreich veröffentlicht wurden. Die Hauptfiguren waren ein frecher kleiner Fuchs, seine kleine Schwester sowie

Papa-Fuchs und Mama-Fuchs. Ich schrieb über Musikunterricht und Radtouren, gemeinsames Frühstücken und Zimtschnecken. Der Verlag wartete auf die Fortsetzung der Geschichten. Doch aus der Fortsetzung wurde ein Kriegstagebuch. Ein ziemlich unerwartetes Genre für mich, oder?

***

Ich erinnere mich gut an den Vorabend des Krieges. Die Kinder waren eingeschlafen, und mein Mann und ich hatten endlich Zeit zum Reden. Er machte Hamburger und heißen Tee. Wir aßen und diskutierten über unsere Zukunft, über Reparaturen in der neuen Wohnung, über die Kinder und ihre Erfolge in der Schule. Wir hatten Tausende von Plänen und Träumen. Wir sind satt und glücklich eingeschlafen.

Und um fünf Uhr morgens wurden wir durch lauten Lärm aufgeweckt, zuerst dachte ich, es wäre ein Feuerwerk, doch dann wurde mir klar, dass es kein Feuerwerk war. Von allen Seiten waren Explosionen zu hören. Ich begann hektisch, Dokumente und diverse Sachen zusammenzutragen, ohne wirklich zu verstehen, was geschah. Dann wachte Fedja auf. Ich musste ihm irgendwie erklären, was los war. Und dann wurde auch Verotschka wach. Ich habe den Kindern sofort die Namen, Geburtsdaten und Telefonnummern auf die Arme geschrieben.

· Aber warum?, fragte Vera.
· Das ist ein Spiel.
· Was für ein Spiel?
· Man nennt es »Krieg«.

Am Nachmittag gingen wir in den Keller. Alle Nachbarn waren schon da. Eine schwache Glühbirne, Sand unter den Füßen, der das Atmen erschwerte, eine niedrige Decke. Zu Hause hatte ich es noch geschafft, mir ein Notizbuch und einen einfachen Bleistift zum Zeichnen einzustecken, das würde mir helfen, mit der Angst und Unruhe fertigzuwerden … das hat mir immer schon geholfen, mit meinen Emotionen umzugehen. Nur wusste ich nicht, dass das Tagebuch sich mit Krieg befassen müsste, denn ich glaubte, dass dieser Albtraum in ein paar Tagen enden würde. Das Zeichnen wurde für mich zur einzigen Tür zu meiner eigenen Innenwelt, die von außen aus Flugzeugen bombardiert wurde. All meine Ängste ergossen sich auf das Papier. Das brachte mir kurzfristige Erleichterung.

Mein Notizblock wurde im Keller zum einzigen Halt für mich. Ich kam dorthin, um eine neue Skizze zu zeichnen. In einer Welt, in der alles zusammenbrach, war ich trotz des Krieges damit beschäftigt, Kunst zu schaffen, um zu überleben. Es war der Strohhalm, an dem ich mich mit aller Kraft festhielt.

\*\*\*

Insgesamt verbrachten wir acht Tage und acht Nächte im Keller. Wenn es ruhig war, gingen wir nach oben in die Wohnung und erledigten etwas Hausarbeit. Aber sobald Schüsse zu hören waren, habe ich schnell die Kinder zusammengetrommelt und wir sind in den Keller gerannt. Auch unsere Wohnung hat sich in diesen Tagen verändert. An den Fenstern hingen Papierkreuze. Wir haben alle Glastüren und Spiegel entfernt und sie in einem Hinterzimmer gestapelt. Im Korridor lagen Notfallrucksäcke und ein Koffer, der dort stehen blieb.

Am neunten Tag beschloss ich, aus der Stadt zu fliehen. Oder besser gesagt, ich entschied nichts, aber meine Finger begannen, die Telefonnummern der Taxifahrer anzuwählen. Es war fast unmöglich, jemanden zu erreichen. Es gab in der Stadt fast kein Benzin. Ich dachte, ich hätte keine Chance. Doch plötzlich klingelte dann das Telefon: Sie suchen ein Taxi? Ich bin in zehn

Minuten bereit. Mir blieben also nur zehn Minuten, um mich zu entscheiden, ins Nirgendwo zu springen. Meine Mutter verstand nicht, was los war. Sie versorgte die Kinder mit dem Frühstück und weinte. Ich bat sie, mit mir zu kommen, aber meine Mutter wollte nicht gehen, weil ihre Eltern und ihr Bruder in der Stadt blieben und sie diese nicht verlassen konnte. Ich aber floh, um die Kinder zu retten. Ich werde mich immer an die weinenden Augen meiner Mutter erinnern … Wir, die Kinder, mein Mann und ich, mussten uns beeilen. Wir rannten mit dem Hund und einem Rucksack in der Hand zum Taxi. Es war der erste Abschied auf meinem Weg.

Nach zehn Minuten standen wir vier auf dem Bahnsteig des Bahnhofs, wo wir in den ersten Zug einstiegen, der anhielt, und der, wie sich später herausstellte, nach Lwiw (Lemberg) fuhr. In Lemberg wurden wir von völlig Fremden untergebracht, die mich wegen meines Blogs kannten. Zum ersten Mal in all den Kriegstagen fühlte ich mich sicher und konnte ohne Zittern schlafen. Wir hatten nur einen Tag in Lemberg, den wir als Familie zusammen verbrachten, und dann musste ich allein mit den Kindern nach Warschau aufbrechen. So haben wir uns wegen der Kinder getrennt, denn mein Mann durfte das Land ja aufgrund des Kriegsrechts nicht verlassen.

Das war die zweite Trennung. In neun Tagen wurde ich erst von meinem Zuhause getrennt und von meiner Mutter, dann von meinem Mann. Ich habe nur noch zwei Kinder, einen Hund, einen Rucksack auf dem Rücken und die Fähigkeit zu zeichnen. In mir bildete sich ein riesiges Loch, das ich mit einem Korken verschloss, damit ich nicht verdunstete.

Es gibt Krieg und es gibt Menschen.
Das Erste passt nicht zum Zweiten.

Der Krieg hat mich verschüttet …

Doch jetzt treffe ich Leute
*egal welcher Nationalität,* die helfen.
Und diese Leute sind stark.

Der Krieg wird enden und
die starken Menschen werden leben.

24. 02.2022

#ЯВИЖУИЗПОДВАЛА

5-30 проснулись
от взрывов.

Собираю вещи, чтобы
занять руки.
Загрузила работу
на диск. Волнуюсь за
судьбу книги.

Собрали рюкзаки
детям и себе.
Позавтракала – надо
Гречка бу вкуса
Сложила свои картинки в файл,

---

**24.02.2022 #ICHBLICKEAUSDEMKELLER**
5:30 – Ich bin von Explosionen geweckt worden.
Sachen packen, um meine Hände zu beschäftigen.
Hochladen meiner Arbeit von der Festplatte.
Ich mache mir Sorgen um das Schicksal meines Buches.
Gepackte Rucksäcke für die Kinder und mich.

Ich habe gefrühstückt – das ist notwendig.
Buchweizen ohne Geschmack. Ich lade meine Bilder auf einen USB-Stick.

Gott segne uns.

Наша уютная
квартира превраща.
лась убежище.

Кресты на окнах
и дверях.

P.S. После мы вообще
поснимаем все
стеклянные двери с
петель.

---

Unsere gemütliche Wohnung ist zu einem Refugium geworden.
Kreuze an Fenstern und Türen.

P.S.: Später werden wir alle Glastüren aushängen.

»Wir sind alle im Keller.
Wir zählen die Explosionen und
lesen in den Nachrichten,
wo sie stattfinden.
Warten auf die
nächsten …«

25. 02 2022.

Ночь в подвале. ——————————→

Дома, когда тихо стали,
готовим. Надо успеть

Когда взрывов бежали
в подвал.

Самое страшное —
наши рожали другие
всем желающим
Все боятся грабежей, а
не взрывов.

Как долго это будет.

---

**25.02.2022**
Als es ruhig ist, gehen wir wieder nach oben in den 9. Stock.
Alles muss erledigt werden: ausruhen, kochen, Sachen zusammensammeln.
Bei Explosionen rennen wir in den Keller.

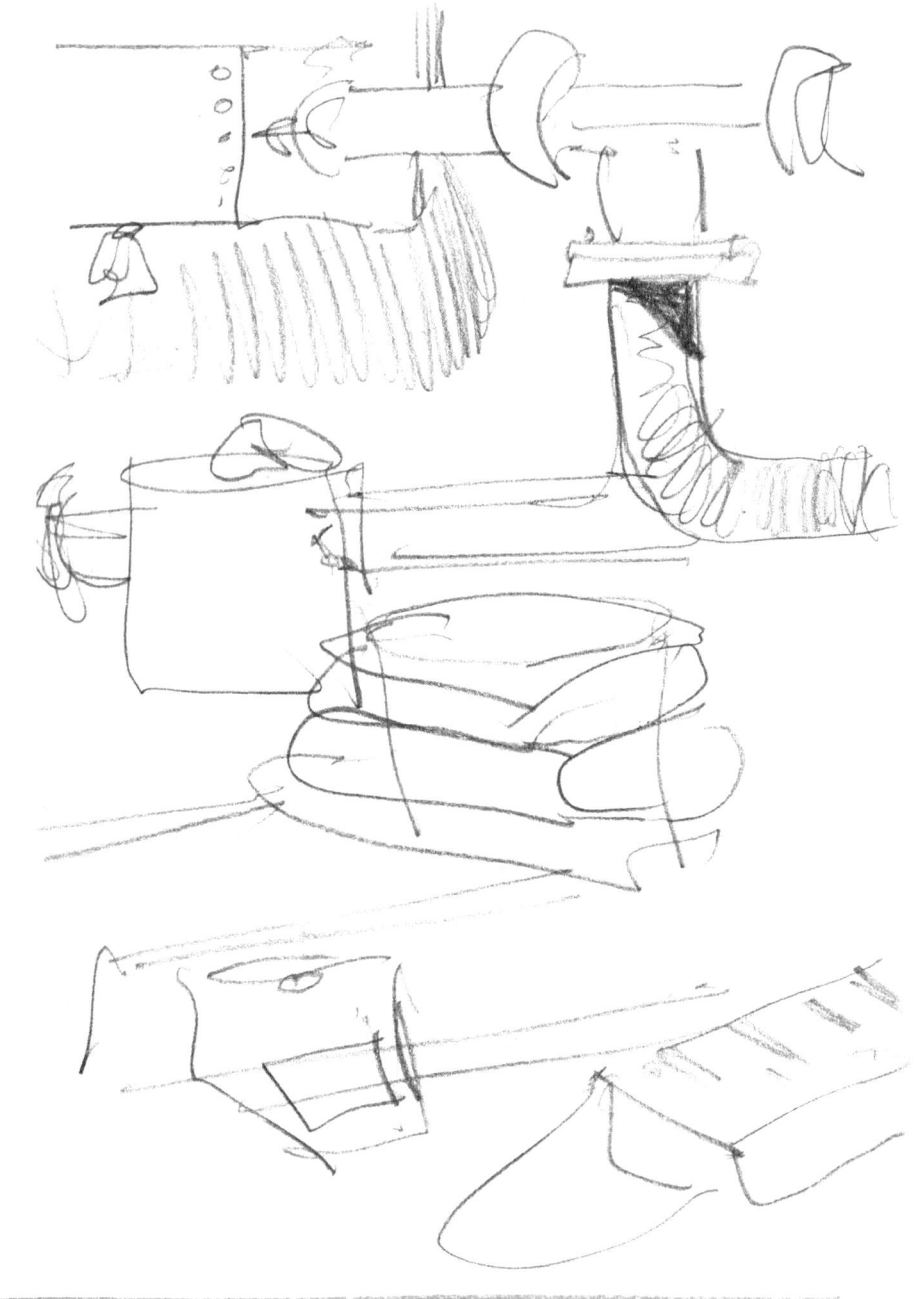

**25.02.2022 17:35**
Ich beschließe zu zeichnen.
Lass es ein dokumentarisches Tagebuch werden.

25.02.22 17:35

Die Angst weicht, Akzeptanz kommt. Es ist wichtig,
schnell alles so erträglich wie möglich zu organisieren.

Betten improvisiert und für zusätzliche Beleuchtung gesorgt.
Bald taucht das Wort »Gemütlichkeit« auf.

Wir haben Kabel gefunden und Glühbirnen eingeschraubt.
Und im anderen Flügel haben sie sogar
Steckdosen angebracht.

Место социальных контактов

и военных стратегии

26.02.2022

---

**26.02.2022**
Ort sozialer Kontakte und militärischer Strategien.

Дети

подземелья

Мои дети не боятся
подвала. Здесь уже много
друзей.

Они немного ноют дома
Вера спрашивает „кода
мы пойдем
в подвал. 26. 02. 2022

---

**26.02.2022 Kinder des Untergrunds**
Meine Kinder haben keine Angst vor dem Keller.
Hier haben sie schon viele Freunde. In der Wohnung nörgeln sie eher.
Vera fragt: »Wann gehen wir in den Keller?«

Мама
и собака Микки

---

Опять тревога Держались
до последнего дома, но побежали
вниз.

Соседка: - Куда это вы
бежите?

- В подвал.

Вера: - Мама страшный
вопрос Куда-куда мы
бежим. Ну не на улицу
же. В подвал конечно.
В подвал.

---

**Mama und Hund Mikki**

Wieder Alarm. Bis zuletzt im Haus geblieben,
dann runtergerannt. Nachbar: »Wohin rennst du?«
– »In den Keller.«

Vera: »Mama, so eine seltsame Frage. Wohin sollen wir wohl laufen. Doch nicht auf die Straße. Natürlich in den Keller. In den Keller.«

Хотела написать,
что мы оборудовали
место между двух
несущих стен, но
пока я дори трухануло
так, что эту
картинку я дорисовы-
ваю в подвале!

---

Ich hätte gern geschrieben, dass wir einen Platz zwischen zwei tragenden
Wänden eingerichtet haben, aber es hat so stark gebebt,
dass ich das Bild jetzt im Keller fertigstelle.

27.02.2022
*Charkow, 8:31 Uhr*
Schüsse in meiner Wohnstraße
*15 Min. vom Hauptplatz*. Sie sind nah.
Ich höre Fenster splittern.
Wir haben Angst.
Das Frühstück wurde in den Keller verlegt.

Детский позвальный
шахматный клуб.
Вера консультант
у соседского мальчика

---

**28.02.2022**
Schachklub im Kinderkeller.
Vera berät sich mit einem Nachbarsjungen.

28. 02. 22

Про магазины

Пробежалась на разведку.

Один закрыт.

Во вторую очередь на улице на два часа
Что внутри неизвестно.
Люди выходят с полными тачками.

Автоматы с водой пустые

---

**28.02.2022 Über Geschäfte**
Ausgang zur Erkundung. Ein Geschäft ist geschlossen.
Vorm zweiten steht seit zwei Stunden eine Schlange. Was sie haben,
ist unbekannt. Die Leute gehen mit vollen Einkaufswagen.
Die Getränkeautonamten sind leer.

Здесь есть собаки 28.02 22

Hier gibt es Hunde

28.02.

Ракеты прилетели
в соседние дома.
Страх скручивает
внутри живота.

С каждым днем
времени побыть дома
всё меньше.

---

**28.02.2022**
Raketen sind in Nachbarhäusern eingeschlagen. Die Angst dreht den Magen um.
Jeden Tag bleibt weniger Zeit, in der Wohnung zu bleiben.

1 МАРТА 2022

**1. März 2022**

1 Марта
Бомбят центр.
Ракета упала на
перекресток Иванова

Наш город,
процветающий
и красивый
стираются с лица
Земли.

---

**01.03.2022**
Das Zentrum wird bombardiert.
Die Rakete ist auf die Iwanow-Kreuzung gefallen.
Unsere wohlhabende und schöne Stadt wird
ausgelöscht vom Angesicht der Erde.

**Verzweiflung**

Geschäfte akzeptieren nur Bargeld.
Sie sagen, die Systeme seien eingefroren.
*Naja, oder sie haben Angst vor
virtuellem Geld und Bankpleiten.*

Wir sind so sehr an das Leben in der Zivilisation
gewöhnt, dass wir schon lange nur mit Karte bezahlt
haben. Praktisch kein Bargeld.

Ja, und etwas Nützliches kann man sich generell nicht
kaufen. In den Geschäften blieben nur Luxus-
Artikel zurück, Nahrungsergänzungsmittel,
Taschen, und das war's.

Also mein *finanzieller Airbag*, worüber alle Finanzblogger
redeten, ist heute eine virtuelle Nummer,
die ich in der Bankanwendung sehe.

Die Bank sagt, dass wir Geld abheben können, aber die
nächste Filiale ist geschlossen. Und in der Stadt während
der Bombardierungen eine andere zu suchen,
ist zu gefährlich.

Jeden Abend um 11 Uhr ist das Dröhnen
der Flugzeuge zu hören. Es ist so laut,
als stünde man auf der Startbahn.

Fünf Minuten später explodiert irgendwo etwas.
Ist es eine Lotterie? Oder vielleicht eher
russisches Roulette.

Heute bist du kein Ziel.
Lebe bis morgen.
Ich gehe erst ins Bett,
wenn die Luftangriffe
vorbei sind.

Про Хлеб

У нас осталось полбуханки. Мама урвала в первый день.

Наша Верочка имеет привычку не доедать хлебушек. Мы складываем его в коробку, потом отдаем сухари юннатам.

Так вот. Эти сухари пошли в ход. Там даже есть с сыром.

Сегодня Сережа пожарил оладьи на муке и воде.

---

**01.03.2022 Über Brot**

Wir haben noch ein halbes Brot übrig. Mama hat es am ersten Tag ergattert.
Unsere Verotschka hat die Angewohnheit, ihr Brot nicht aufzuessen.
Wir legen es in eine Kiste, dann geben wir den jungen Naturforschern
Cracker. Also – diese Cracker sind beliebt. Manche haben sogar Käse. Heute
hat mein Mann Serjoscha-Pfannkuchen aus Mehl und Wasser gemacht.

Вера.
— Мама, мне шоколадки надолго
хватит. Я прилипила ее к щеке
01 03.22

**Vera**
»Mama, diese Schokolade reicht mir für eine lange Zeit.
Ich habe sie in meine Wange geklebt.«

Мой дом,
мой двор.
мое улица
превратились в
полигон армии

---

**01.03.2022**
Mein Haus, mein Hof,
meine Straße sind zu einem
Truppenübungsplatz geworden.

Mikki

Сейчас все харьковчане сидят в подвале и смотрят в телефонах, как разрушают их город

Мы строили его все эти годы. Парки, зоопарк, дома, дороги. Ничего этого не осталось.

---

Jetzt sitzen alle Einwohner von Charkow im Keller
und schauen auf ihren Handys zu, wie man ihre Stadt zerstört.
Wir haben sie all die Jahre erbaut. Parks, Zoos, Häuser, Straßen.
Nichts wird übrig bleiben …

1 марта.

О жизни в подвале

Сегодня в 5 утра шла в квартиру в абсолютной тишине. Телефон сел. Все-все фонари включены – маскировка.

Только красные диоды счётчиков.

И мне не было страшно. Девять ступеней отсчитал, и поворот. И так все 18 маршей или 171 ступеньку.

Я больше не боюсь бабайку.

---

**Über das Leben im Keller**

Heute um 5 Uhr bin ich in absoluter Dunkelheit in die Wohnung gegangen. Der Telefonakku ist leer. Alle Lichter sind aus – Verdunkelung. Nur rote Dioden von Zählern. Ich hatte keine Angst. Neun Etagen, gezählt sind das 18 Treppen oder 171 Stufen. Ich fürchte mich nicht mehr vor Schreckgespenstern.

Время тянется как
кисель.

За шесть дней
подвала ты превращаешь-
ся в таракана

Не шумишь,
потому что прислуши-
ваешься к взрывам

Знаешь все щели,
и заползаешь в них,
как только…

Доедаешь все крошки.

---

**01.03.2022**
Die Zeit zieht sich wie Kaugummi.
Sechs Tage lang verwandelst du dich im Keller in eine Kakerlake.
Du machst keinen Lärm, weil du auf Explosionen achtest.
Du kennst alle Ritzen und kriechst hinein,
sobald … Du isst alle Krümel.

1 МАРТА 2022

02.03.2022

02 03

Этот кадр останется в моей памяти навсегда

Вера убегает от взрывной волны.

Гуляли на крыльце, дальше нельзя. Вера вылезла сквозь решетку посмотреть на кота. И тут звук взрыв.

Мама.

Она не догадалась обойти решетку и начала пролезть брать. Слава богу не застряла. В этот день я больше не выходили из подвала.

---

**02.03.2022**

Diese Szene wird mir für immer in Erinnerung bleiben. Vera flieht vor der Druckwelle. Wir sind vors Haus gegangen, weiter ist verboten. Vera kletterte durch die Gitterstäbe, um sich ein Kätzchen anzusehen.
Und dann eine Explosion. Mama. Sie dachte nicht daran, das Gitter zu umgehen, und kletterte zurück. Gott sei Dank ist sie nicht hängen geblieben. An diesem Tag sind wir nicht mehr aus dem Keller gegangen.

02.03.2022

**Mama!**

– Так после войны купишь
себе телефон
– Ты думаешь на войне
у меня будет день
рождения? (Вера)

02,03,22,

**02.03.2022**
Die Kinder belauscht:
»Du willst nach dem Krieg ein Handy!«

Vera: »Glaubst du, dass ich im Krieg Geburtstag feiern werde?«
Veras Geburtstag ist am 19. Juli

Принесли в подвал
мелки.

Теперь у нас
почти наскальная
живопись.

Дети рисуют
мир.
под звуки взрывов.

---

Sie brachten Buntstifte in den Keller.
Jetzt haben wir fast Höhlenmalerei. Kinder malen
»МИР« – »Frieden« – zu Explosionslärm.

03. 02. 22

Выспалась!
Новая кровать из
дверей лучше прежней
вашей.

Приняла душ, помыла
голову, побрызгалась Dior.

Постреливают.
Все надеется, что
вот вот и закончится.
Живу этой надеждой.
Держусь за эту мысль.
Есть знакомые, которые
остались в Ха
Тоже держусь за эту
мысль.
Город пуст и
разрушен.
Суки

---

**03.03.2022**

Ausgeschlafen! Ich habe mir erlaubt, bis 9 Uhr zu schlafen
(zumal wir aus Türen ein neues Bett gebaut haben). Das neue Türenbett ist
besser als das alte, höher. Es stellt sich heraus, dass, wenn man seine Beine
ausstreckt, gar nichts einfriert, die Durchblutung funktioniert. Ich habe
geduscht, Haare gewaschen, Dior gesprüht … Die Seele braucht Feste.

03.03.22

Schüsse.
Alle hoffen, dass es aufhört. Ich lebe diese Hoffnung. An dieser Idee
halte ich fest. Es gibt Freunde, die in Charkow geblieben sind. Diese
Idee habe ich auch. Die Stadt ist leer und zerstört. Scheißkerle. Wir
haben in der Wohnung gefrühstückt. Und wieder der Keller …

Детей всё сложнее
занимать.
Эйфория от знакомств
в первые дни превращается
ся в рутину.

Собака с нами.


В подвале есть
беременные.
Каждый раз они находят
в себе силы не пережи-
вать, когда бомбят
тот или иной район.

---

Die Kinder tun sich immer schwerer damit, sich zu beschäftigen.
Die Hochstimmung der frühen Tage verfliegt und wird zur Gewohnheit.
Der Hund ist bei uns. Im Keller sind schwangere Frauen. Jedes Mal,
wenn sie die Kraft finden, sich keine Sorgen zu machen,
wird dieses oder jenes Gebiet bombardiert.

Fedja

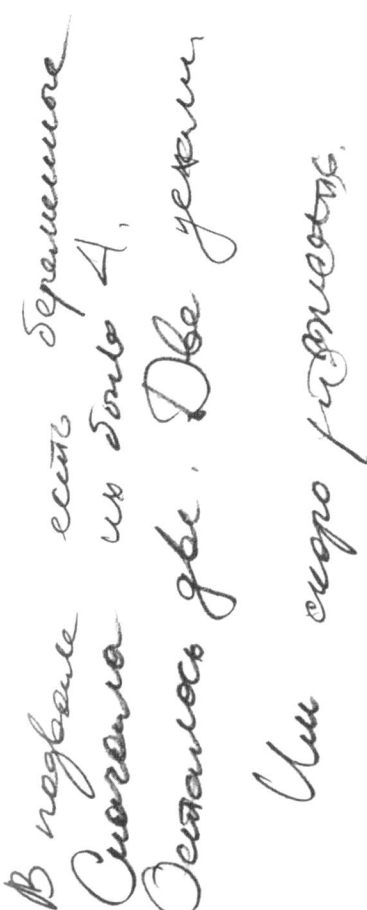

В подвале есть беременные
Сначала их было 4.
Осталось две. Две уехали.
Им скоро рожать.

---

**03.03.2022**
Im Keller sind schwangere Frauen.
Am Anfang waren es vier. Es sind noch zwei.
Zwei sind weggefahren. Sie stehen kurz
vor der Geburt.

03. 03. 2022

Пожилые
люди, те кто
могут ходить,
накачивают
за день гипертонию,

---

**03.03.2022**
Aufzüge sind seit dem ersten Tag außer Betrieb.
Meine Großeltern können nicht laufen …

Ältere Menschen, die laufen können,
bekommen Herzrasen und Bluthochdruck.

Волонтёрю детям подвала

Рассказываю детям, как нужно съесть пирожное, чтобы максимально получить удовольствие.

Не верится, мои дети в статусе „дети подвала"

---

**03.03.22**
Ich erkläre den Kindern,
wie man Kuchen isst, um ihn besser zu genießen.
Ich kann es nicht fassen, dass meine
Kinder nun »Kellerkinder« sind.

03.03, 22.

Наш обед в подвале.
Пока еще есть
мясо!

Каждый день выдаю
детям по конфетке
или половинке

В н/з у меня 3 шоколад
ные конфетки на
самый крайний случай.
Надеюсь всё кончится
раньше.

---

**03.03.2022**
Mittagessen im Keller. Noch gibt es Fleisch!
Jeden Tag gebe ich den Kindern eine oder eine halbe Süßigkeit.
Ich habe drei Pralinen im Notvorrat für den extremsten Fall.
Hoffe, dass alles früher vorbei ist.

# #ЯБЕГУОТБОМБ

После восьмой ночи
я решила бежать.
Не зная каким
составом и куда,
Я просто взяла мой
фон и начала от проб.........
запросы на такси.
Помогли мои однокурс-
ники. Они дали
реальные контакты.
Потом мы позвонили,
Таксист был на ....чка
— буду через 10 мин у вас
У меня было всего 10 мин
чтобы решиться оставить
все мои 35 лет жизни
между дом.
Роди детей

---

**#ICHFLIEHEVORDENBOMBEN**
Nach der achten Nacht habe ich beschlossen zu fliehen.
Ohne zu wissen, mit wem und wohin. Ich griff einfach zum Telefon und
rief bei Taxiunternehmen an. Meine Studienkollegen halfen. Sie vermittelten
vorhandene Kontakte. Dann riefen sie mich an.
Der Taxifahrer war in Nautschka.

»Ich bin in zehn Minuten bei Ihnen.«
Ich hatte nur zehn Minuten, um mich zu entscheiden, meine bisherigen 35
Lebensjahre zu verlassen, meine Mama und mein Zuhause. Wegen der Kinder.

Nach 20 Minuten waren wir am Bahnhof.
Sogar die Rucksäcke der Kinder ließen wir zurück, in der Erwartung,
dass wir im Stehen fahren müssten. Ich zeichne aus der Erinnerung.
Wir umgingen die gesamte Menschenmenge und kamen durch die
Unterführungen zum Bahnsteig. Ein Zug war bereits voll.
Der zweite war leer.

Через 20 мин мы
были на вокзале
Мы даже бросили детские коляски
Рассчитывая, что ...
...

Мы обошли всю толпу
и через подземный переход
вошли на платформу,

Один поезд уже был загружен
Второй - пуст - И мы побежали
к нему

– Куда?

– На запад
Куда именно мы не знали
Мы просто запрыгнули,

Уже в поезде я распустила
волосы. От них пахло Dior
Это всё, что осталось от
прежней жизни.

---

Und wir rannten zu ihm!
– Wohin? – Nach Westen. Wohin genau, wussten wir nicht.
Wir sind einfach reingesprungen. Im Zug habe ich meine Haare gelöst.
Sie riechen nach Dior. Das ist alles, was vom alten
Leben übrig blieb.

Эвакуационные поезда.

Все слёзы мира в этих поездах.

Женщины и дети.
На каждой остановке их прибывало. Каждая только что была с мужем и вот осталась одна.
Дети плачут. Мама давит слёзы, убеждая, что папа догонит следующим поездом.

Не догонит...

Каждый ребёнок прижимает свою игрушку.
Звонки домой. Переживания за родных и слова слёз. Много слёз

---

### Evakuierungszüge
Alle Tränen der Welt fließen in diesen Zügen.
Frauen und Kinder. An jeder Haltestelle kamen weitere.
Vor fünf Minuten hatten sie alle noch ihre Männer
und jetzt waren sie verlassen.
Die Kinder weinen.

Mütter unterdrücken Tränen und versprechen,
dass Papa mit dem nächsten Zug nachkommen wird.
Sie werden nicht nachkommen … Jedes Kind drückt sein Spielzeug an sich.
Anrufe zu Hause. Sorgen um Angehörige
und wieder Tränen. Viele Tränen.

«Я сначала
расстроилась,
плакала, но
мама сказала,
что папа
нас догонит!

---

»Zuerst war ich traurig,
ich habe geweint, aber Mama hat gesagt,
dass Papa nachkommen wird.«

Одна мама
все время писала
что-то в блокноте.

Я подсмотрела.
Это были списки
имен и контактов.
Потом эти
листки она
распихивала по
карманам детей
Вдруг те потеряются

---

Eine Mutter hat die ganze Zeit
etwas in ein Notizbuch geschrieben. Ich schaute zu.
Es waren Listen mit Namen und Kontakten.
Dann steckte sie diese Blätter in die Taschen der Kinder.
Für den Fall, dass sie verloren gehen.

У моих детей
тоже с самого
первого дня
на руках были
написаны имена,
дата рождения
и мой телефон

Да чего уж там.
Себе я тоже написала
на случай опознания.
Это страшно, но я
так думала.

---

Auch meine Kinder hatten
vom ersten Tag an Namen, Geburtsdaten
und meine Telefonnummer auf der Hand.
Ja, so ist das nun mal. Ich habe mich auch im Falle
einer Identifizierung beschrieben. Es ist beängstigend,
aber ich dachte, es sei richtig so.

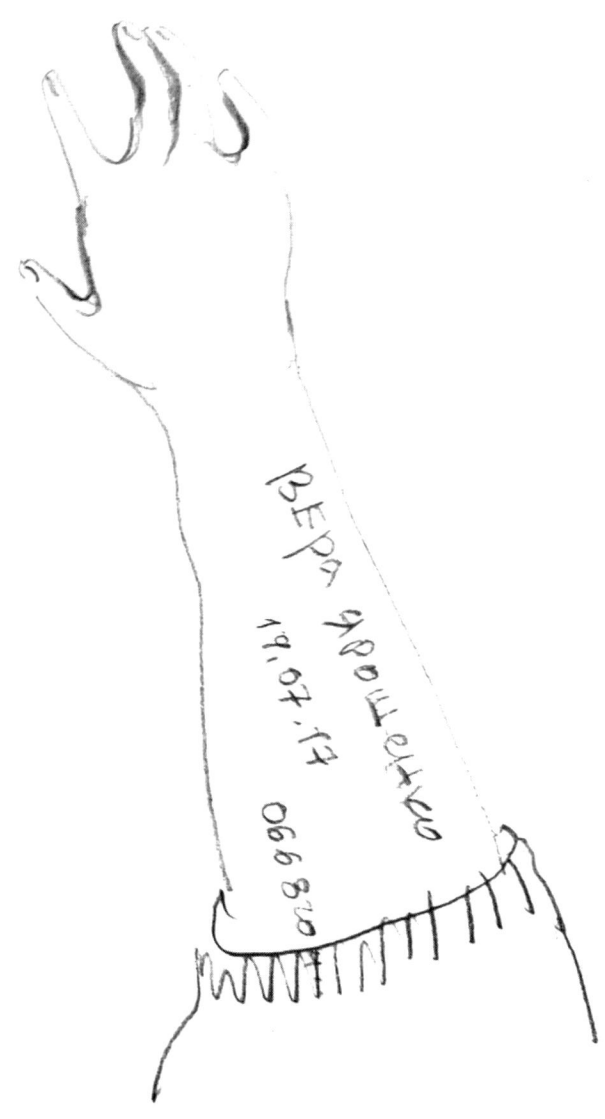

\* Вера Ярошенко
\* Vera Jaroschenko
19.07.17
066 820

Львов.

Картинки с вокзала.

Эвакуация находящих.

---

Lemberg.
Bilder vom Bahnhof.
Evakuierung der Behinderten.

Wir sind der Hölle entkommen.

Durch ein Wunder.
Hinter uns wurden die Schienen
in der Region Irpin gesprengt.

Wir flohen vor den Bomben
in die völlige Ungewissheit und
ließen sogar Rucksäcke mit Kinderkleidung zurück.
Weil wir damit rechneten, stehen zu müssen.

Was weiter?
Ich weiß es nicht …

Львов.

Город прощания.
Точка, где нами надо
было разделиться (разлучиться)
с мужем.
Его не выпустили.
Мужчин не выпускают
из страны.
Мы решили провести
это дело вместе. Пошли
гулять по городу.
Сходили в ресторан напо-
следок, но кусок в горло
не лез. Полумрак интерь-
ера раздражал.
У нас не осталось ни одной
фотографии. Фотографировать было
нельзя. Нас могли причислить за

---

**Lwiw, Lwow, Lemberg …**
Der Punkt, an dem ich uns von meinem Mann trennen musste.
Er wurde nicht freigestellt. Männer dürfen das Land nicht verlassen.
Wir beschlossen, diesen Tag gemeinsam zu verbringen.
Wir machten einen Spaziergang durch die Stadt.
Wir gingen zum letzten Mal ins Restaurant.

даверсамита.
Потому шашу
последнюю
прогулку
могу только
рисовать
или
держать
в своей
голове

Ich kriegte keinen Bissen runter.
Die Dämmerung im Innenraum war nervig.
Wir konnten keine Fotos machen. Fotografieren verboten.
Wir könnten für Spione gehalten werden. Daher kann ich
unseren letzten Spaziergang nur zeichnen
oder im Kopf behalten.

Город был пустым

Die Stadt war leer.

Львов    5 марта.

Муж посадил нас
в автобус.
Дальше для него не было
дороги.
Я не могла сдержать
слёз, а он подбадривал
нас как мог.
Серёжа купил нам
жвачки Love is, и мы
договорились открыть
их, когда снова встретим
ся.
Автобус тронулся,
А муж становился все
меньше и меньше.

---

**05.03.2022 Lemberg**
Mein Mann setzte uns in den Bus.
Für ihn war der Weg hier zuende. Ich konnte meine Tränen
nicht zurückhalten, und er munterte uns auf so gut er konnte.
Serjoscha kaufte uns »Liebe ist …«-Kaugummi,
und wir vereinbarten, sie zu öffnen,

wenn wir uns wiedersehen.
Der Bus setzte sich in Bewegung.
Und mein Mann wurde
immer kleiner.

6 марта в 5 утра мы прибыли в отель Меркурий в самом центре Варшавы.

Я не могу передать те ощущения, когда из подвала и в попали в пятизвездочный отель.

Я не знала как подойти к белой воздушной постели. Мы сняли верхнюю одежду и уснули.

---

**06.03.2022**
Um 5 Uhr morgens kamen wir im Mercure Hotel im Zentrum
von Warschau an. Ich kann das Gefühl nicht beschreiben, vom Keller
in ein Fünf-Sterne-Hotel zu kommen. Ich wusste nicht,
wie ich mich dem weißen weichen Bett nähern sollte.
Wir zogen unsere Jacken aus und schliefen ein.

Отель „Меркурий"
превратился в
большую детскую
комнату.

---

Das Hotel Mercure verwandelte sich in einen großen Spielplatz.

# Варшава

- Вера, хотела би работать
в таком офисе на
последнем этаже?
- Нет. Я еще маленькая
- Ну а просто бить там?
- Если будет запас
питья и еды, то да.
Там можно продержаться.
А так нет.

---

»Vera, möchtest du in so einem Büro
im Dachgeschoss arbeiten?« – »Nein. Ich bin noch klein.«
– »Wie wäre es denn, dortzubleiben?«
– »Wenn es Essen und Trinken gibt, dann ja.
Dann kann mans aushalten.
Andernfalls nicht.«

Варшава 11 марта

Мне помогла купить билеты русская женщина, которая 30 лет живёт в Польше.

Нужно было заказать места по телефону, так как собаку на сайте негде отметить.

Она преподаёт русский, и вот теперь от неё отвернулась часть друзей.

Так ведь нельзя.

Не национальность определяет человека.

Вчера я встретила ангела-хранителя в её лице.

---

**11.03.2022 Warschau**

Mir wurde beim Ticketkauf von einer Russin geholfen,
die seit 30 Jahren in Polen lebt. Eine telefonische Platzreservierung
war notwendig, da es auf dem Gelände keine Möglichkeit gibt,
den Hund anzumelden. Sie unterrichtet Russisch,
und jetzt haben sich einige ihrer Freunde von ihr abgewendet.

Das ist nicht in Ordnung.
Die Nationalität definiert keine Person.
Gestern war sie noch als mein Schutzengel erschienen.

12.03.2022

Разговор с мамой
по телефону

Только так...

Выстрелы стали
ближе к их деревне.
Они сидят и ждут.

А я ничем не
могу помочь.
Только сказать, что всё
будет хорошо.

---

**12.03.2022**
Ich habe mit Mama telefoniert.
Der einzige Weg … Die Schüsse haben sich ihrem Dorf genährt.
Sie sitzen und warten. Und ich kann nicht helfen.
Nur sagen, dass alles gut wird.

12.03.2022

<u>Центр помощи беженцам</u>

До войны я регулярно сдавала одежду в красный крест.

И вот пришло время воспользоваться этой услугой самой.

Нам с Дашей нужна была коляска.

Я нашла домик для собаки, тапочки, шапки.

Вроде все бесплатно, а брать совсем неприятно.

---

**12.03.2022 Zentrum für Flüchtlingshilfe**
Vor dem Krieg habe ich regelmäßig Kleider
an das Rote Kreuz gespendet. Und jetzt ist es an der Zeit,
diesen Service selbst zu nutzen.
Wir brauchten einen Kinderwagen für andere Kinder,

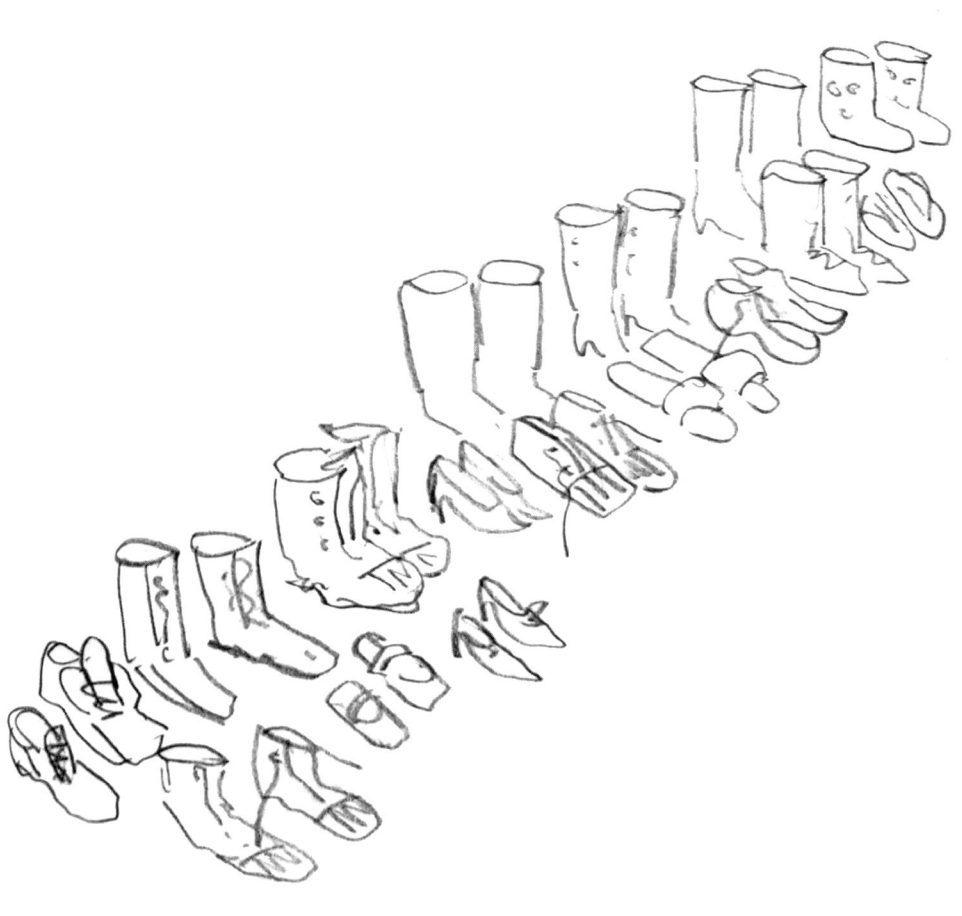

die bei uns wohnten. Ich fand einen Transportkorb für den Hund,
Hausschuhe, Schokoriegel. Alles scheint kostenlos zu sein,
aber es ist ziemlich unangenehm zu nehmen.

На досмотре нужно было снять всю верхнюю одежду, обувь и даже ошейник с Микки. И потянулась длинная вереница наших вещей.

Während der Sicherheitskontrolle war es notwendig, alle Oberbekleidung, Schuhe und sogar Mikkis Hundehalsband auszuziehen. Unsere Sachen bildeten eine lange Reihe auf dem Band …

В самолёт мы
зашли последние
и нам не хватило
места на полках
для багажа.

Стюардесса где-то
пристроили пару сумок.
А я сидела на куртках
и рюкзаке.
Но это мелочи.

Главное, внутри.
А внутри был страх
неизвестности.

Выбор был сделан, и
мне ничего не оставалось, как
подчиниться ему.
Хотелось зарыдать, но рядом
были дети.

---

Wir waren die Letzten im Flugzeug und
hatten nicht genug Platz in den Gepäckablagen.
Die Stewardess befestigte irgendwo ein paar Taschen.
Und ich saß auf Jacken und einem Rucksack.
Aber das sind Kleinigkeiten.
Hauptsache drinnen.

Und in mir war die Angst vor dem Ungewissen.
Die Wahl war getroffen, und für mich blieb nichts übrig,
als mich zu fügen. Ich wollte weinen,
aber da waren Kinder in der Nähe.

Вид и моего окна.
Здесь чудесно.

---

Blick aus meinem Fenster.
Es ist wunderbar hier.

Dieses Werk wurde vermittelt durch die Literaturagentur MARIA SCHLIESSER
Copyright © Olga Grebennik 2022
Originaltitel: Военный дневник из Харькова

Für die deutsche Ausgabe:
Charkow-Tagebuch: Flucht vor dem Krieg
© 2022 Verlagshaus Jacoby & Stuart, Berlin

Für die Übersetzung aus dem Russischen
© Jakob Samojlowitsch und Yehuda Shenef 2022

Printed in Slovakia
Druck und Bindung:
ISBN 978-3-96428-162-3
www.jacobystuart.de